CE1

cycle 2

Ribambelle

HATIER

mes outils pour écrire

Sous la direction de
Jean-Pierre Demeulemeester
conseiller pédagogique

Gisèle Bertillot
maître formateur

Nadine Demeulemeester
maître formateur

Monique Geniquet
conseillère pédagogique

SOMMAIRE

© Hatier, Paris, 2003 – ISBN : 978-2-218-**74105**-0

Des expressions et des débuts de phrases

► Commencer une histoire

Autrefois
Il y a très longtemps
En ce temps-là
Un jour
Il était une fois
C'est l'histoire de
Cette histoire commence

► Dire où

à côté (de)
à droite (de)
à gauche (de)
à l'horizon
à l'extérieur (de)
à l'intérieur (de)
ailleurs
au fond (de)
au loin (de)
au milieu (de)
dans
dans le lointain
dans le monde entier
dedans
dehors
derrière
dessous (au-dessous)
dessus (au-dessus)
devant
en bas (de)
en haut (de)
ici
là-bas
là-haut
loin (de)
partout
près de
quelque part
sous
sur
tout près (de)
un peu plus loin
vers

► Dire quand

aujourd'hui
demain
hier
la veille
le lendemain
longtemps après
plus tard
tard
tôt
tout à l'heure
tout de suite
de temps en temps
jamais
parfois
quelquefois
souvent

► Dire comment

à toute allure
au galop
avec colère
avec courage
avec force
avec fureur
avec violence
beaucoup
bien
calmement

de toutes ses forces
doucement
en criant
en gesticulant
en murmurant
en silence
en tremblant
exprès
l'air de rien
lentement

merveilleusement
par hasard
peu à peu
sans rien dire
tout bas
tout haut
tranquillement
très bien
vite
vraiment

► Dire la raison

à cause de
car
parce que
parce qu'il(s)
parce qu'elle(s)
parce qu'on
puisque

ainsi
ainsi donc
alors
c'est ainsi que
et donc

► Poser une question

Qui ... ?
À qui ... ?
Pour qui ... ?
De qui ... ?
Qui est-ce qui ... ?

Quoi … ?
À quoi … ?
Pourquoi … ?
De quoi … ?
Qu'est-ce que ... ?

Est-ce que ... ?
Est-ce qu'il(s) ... ?
Est-ce qu'elle(s) ... ?
Quel(s) ... ?
Quelle(s) ... ?

Où ... ?
Quand ... ?
Comment ... ?
Combien ... ?

Des expressions et des débuts de phrases

► Enchaîner des événements

ainsi	depuis	et	tout à coup
alors	désormais	maintenant	tout d'abord
après (cela)	donc	mais	
aussitôt	enfin	puis	
car	ensuite	soudain	

► Dire qui parle

Dans le passé	
singulier	**pluriel**
..., dit-il	..., dirent-ils
..., répondit-elle	..., répondirent-elles
..., cria-t-elle	..., crièrent-elles
..., demanda-t-il	..., demandèrent-ils

En ce moment	
singulier	**pluriel**
..., dit-il	..., disent-ils
..., répond-elle	..., répondent-elles
..., crie-t-elle	..., crient-elles
..., demande-t-il	..., demandent-ils

Dans le passé	
singulier	**pluriel**
Il répondit que ...	Ils répondirent que ...
Elle dit que ...	Elles dirent que ...
Il expliqua que ...	Ils expliquèrent que ...
Elle demanda si ...	Elles demandèrent si ...

En ce moment	
singulier	**pluriel**
Il répond que ...	Ils répondent que ...
Elle dit que ...	Elles disent que ...
Il explique que ...	Ils expliquent que ...
Elle demande si ...	Elles demandent si ...

► Décrire quelqu'un ou quelque chose

L'apparence

élancé(e)	↔	trapu(e)
gros / grosse	↔	mince
géant(e)	↔	minuscule
beau / belle	↔	laid(e)
magnifique	↔	horrible
vilain(e)	↔	superbe
splendide	↔	affreux / affreuse
rassurant(e)	↔	effrayant(e)

blond(e)
brun(e)
roux / rousse
châtain

Le caractère

adorable	↔	épouvantable
agréable	↔	désagréable, pénible, insupportable
aimable	↔	agressif / agressive
tendre	↔	cruel / cruelle
doux / douce	↔	dur(e)
gentil / gentille	↔	méchant(e)
poli(e)	↔	impoli(e), mal élevé(e)
courageux / courageuse	↔	poltron / poltronne, peureux / peureuse
charmant(e)	↔	moqueur / moqueuse

Les sentiments et les émotions

content(e)	↔	mécontent(e)
gai(e)	↔	ennuyeux / ennuyeuse
heureux / heureuse	↔	malheureux / malheureuse
joyeux / joyeuse	↔	triste
satisfait(e)	↔	insatisfait(e)
fier / fière	↔	honteux / honteuse
calme	↔	furieux / furieuse
amoureux / amoureuse		

des expressions

être vert de peur
être en colère
être rouge de honte
être rose de plaisir
être tremblant de peur
être blanc comme un linge

Les principaux accords

Masculin → Féminin

1 un ou une devant un nom

► **le plus souvent e au féminin**

Un client arrive. → Une cliente arrive.
le, mon, ton, son, ce → la, ma, ta, sa, cette

► **quelquefois**

un boulanger → une boulangère
un infirmier → une infirmière

un directeur → une directrice
un danseur → une danseuse

un tigre → une tigresse
un chien → une chienne

un fils → une fille
un homme → une femme

2 un ou une devant un nom et un adjectif

► **le plus souvent e au féminin**

Un petit chat joue. → Une petite chatte joue.
le, mon, ton, son, ce → la, ma, ta, sa, cette

► **quelquefois**

un bon repas → une bonne galette
un long chemin → une longue route
un garçon menteur → une fille menteuse
un homme heureux → une femme heureuse
un panier léger → une panière légère
un chat vif → une chatte vive
un beau cheval → une belle jument
un mouton maigre → une brebis maigre

Singulier → Pluriel

3 **un** ou **des** devant un **nom**

▶ le plus souvent **s** au pluriel

Un garçon écoute la radio. le, mon, ton, son, ce	→	**Des** garçon**s** écoutent la radio. les, mes, tes, ses, ces
Une fille écoute la radio. la, ma, ta, sa, cette	→	**Des** fille**s** écoutent la radio. les, mes, tes, ses, ces

▶ quelquefois **x**

un château	→	**des** chât**eaux**
un cheval	→	**des** chev**aux**
un travail	→	**des** trav**aux**
un chou	→	**des** cho**ux**
un jeu	→	**des** je**ux**

⚠ **une** souris → **des** souris **un** prix → **des** prix **un** nez → **des** nez

4 **un** ou **des** devant un **nom** et un **adjectif**

▶ le plus souvent **s** au pluriel

Un petit garçon joue. le, mon, ton, son, ce	→	**Des** petit**s** garçon**s** jouent. les, mes, tes, ses, ces
Une petite fille joue. la, ma, ta, sa, cette	→	**Des** petite**s** fille**s** jouent. les, mes, tes, ses, ces

▶ quelquefois **x**

un beau château	→	**des** be**aux** chât**eaux**
un jeu original	→	**des** je**ux** origin**aux**

⚠ **un gros** pigeon **gris**	→	**des gros** pigeon**s** **gris**
un enfant **joyeux**	→	**des** enfant**s** **joyeux**

Les principaux accords

5 déterminant + nom

Singulier		Pluriel	
 masculin	 féminin	 masculin	 féminin
un ami	**une** ami**e**	**des** ami**s**	**des** ami**es**
le sorcier	**la** sorc**ière**	**les** sorcier**s**	**les** sorc**ières**

mon père	**ma** mère	**mes** parent**s**	
ton frère	**ta** sœur	**tes** frère**s**	**tes** sœur**s**
son client	**sa** client**e**	**ses** client**s**	**ses** client**es**
notre chat	**notre** chat**te**	**nos** chat**s**	**nos** chat**tes**
votre chien	**votre** chien**ne**	**vos** chien**s**	**vos** chien**nes**
leur cheval	**leur** jument	**leurs** chev**aux**	**leurs** jument**s**

ce garçon	**cette** fille	**ces** enfant**s**	
cet étranger	**cette** étrang**ère**	**ces** étranger**s**	**ces** étrang**ères**

6 l'accord **sujet / verbe**

► Le verbe s'accorde toujours avec le groupe sujet.

Singulier	Pluriel
Le chien jappe. (il)	Les chiens jappent. (ils)
L'élève finit son travail. (il)	Les élèves finissent leur travail. (ils)
Le jeune prince est courageux. (il)	Les jeunes princes sont courageux. (ils)
La souris a peur. (elle)	Les souris ont peur. (elles)

► cas particuliers

Loïc et Kevin jouent aux dés.
ils

Maria et Nadia sautent à la corde.
elles

Le prince et la princesse se marient.
ils

La conjugaison des verbes

▶ Avec le pronom *je*

Verbe à l'infinitif	PASSÉ		PRÉSENT	FUTUR
ÊTRE	j'étais	j'ai été	je suis	je serai
AVOIR	j'avais	j'ai eu	j'ai	j'aurai
PARLER	je parlais	j'ai parlé	je parle	je parlerai
GRANDIR	je grandissais	j'ai grandi	je grandis	je grandirai
ALLER	j'allais	 je suis allé  je suis allée	je vais	j'irai
FAIRE	je faisais	j'ai fait	je fais	je ferai
PRENDRE	je prenais	j'ai pris	je prends	je prendrai
VENIR	je venais	 je suis venu  je suis venue	je viens	je viendrai
DIRE	je disais	j'ai dit	je dis	je dirai
DEVOIR	je devais	j'ai dû	je dois	je devrai
VOIR	je voyais	j'ai vu	je vois	je verrai
VOULOIR	je voulais	j'ai voulu	je veux	je voudrai
POUVOIR	je pouvais	j'ai pu	je peux	je pourrai

► Avec le pronom **tu** presque toujours s, quelquefois x *(tu peux, tu veux).*

Verbe à l'infinitif	PASSÉ		PRÉSENT	FUTUR
ÊTRE	tu étais	tu as été	tu es	tu seras
AVOIR	tu avais	tu as eu	tu as	tu auras
PARLER	tu parlais	tu as parlé	tu parles	tu parleras
GRANDIR	tu grandissais	tu as grandi	tu grandis	tu grandiras
ALLER	tu allais	tu es allé tu es allée	tu vas	tu iras
FAIRE	tu faisais	tu as fait	tu fais	tu feras
PRENDRE	tu prenais	tu as pris	tu prends	tu prendras
VENIR	tu venais	tu es venu tu es venue	tu viens	tu viendras
DIRE	tu disais	tu as dit	tu dis	tu diras
DEVOIR	tu devais	tu as dû	tu dois	tu devras
VOIR	tu voyais	tu as vu	tu vois	tu verras
VOULOIR	tu voulais	tu as voulu	tu veux	tu voudras
POUVOIR	tu pouvais	tu as pu	tu peux	tu pourras

La conjugaison des verbes

► Avec le pronom *il* un garçon, un objet ou *on*

Verbe à l'infinitif	PASSÉ		PRÉSENT	FUTUR
ÊTRE	il était	il a été	il est	il sera
AVOIR	il avait	il a eu	il a	il aura
PARLER	il parlait	il a parlé	il parle	il parlera
GRANDIR	il grandissait	il a grandi	il grandit	il grandira
ALLER	il allait	il est allé	il va	il ira
FAIRE	il faisait	il a fait	il fait	il fera
PRENDRE	il prenait	il a pris	il prend	il prendra
VENIR	il venait	il est venu	il vient	il viendra
DIRE	il disait	il a dit	il dit	il dira
DEVOIR	il devait	il a dû	il doit	il devra
VOIR	il voyait	il a vu	il voit	il verra
VOULOIR	il voulait	il a voulu	il veut	il voudra
POUVOIR	il pouvait	il a pu	il peut	il pourra

► Avec le pronom elle une fille, une chose...

Verbe à l'infinitif	PASSÉ		PRÉSENT	FUTUR
ÊTRE	elle était	elle a été	elle est	elle sera
AVOIR	elle avait	elle a eu	elle a	elle aura
PARLER	elle parlait	elle a parlé	elle parle	elle parlera
GRANDIR	elle grandissait	elle a grandi	elle grandit	elle grandira
ALLER	elle allait	elle est allée	elle va	elle ira
FAIRE	elle faisait	elle a fait	elle fait	elle fera
PRENDRE	elle prenait	elle a pris	elle prend	elle prendra
VENIR	elle venait	elle est venue	elle vient	elle viendra
DIRE	elle disait	elle a dit	elle dit	elle dira
DEVOIR	elle devait	elle a dû	elle doit	elle devra
VOIR	elle voyait	elle a vu	elle voit	elle verra
VOULOIR	elle voulait	elle a voulu	elle veut	elle voudra
POUVOIR	elle pouvait	elle a pu	elle peut	elle pourra

La conjugaison des verbes

► Avec le pronom nous toi et moi, un autre et moi, les autres et moi

presque toujours ons,
quelquefois es *(nous sommes).*

Verbe à l'infinitif	PASSÉ		PRÉSENT	FUTUR
ÊTRE	nous étions	nous avons été	nous sommes	nous serons
AVOIR	nous avions	nous avons eu	nous avons	nous aurons
PARLER	nous parlions	nous avons parlé	nous parlons	nous parlerons
GRANDIR	nous grandissions	nous avons grandi	nous grandissons	nous grandirons
ALLER	nous allions	nous sommes allés nous sommes allées	nous allons	nous irons
FAIRE	nous faisions	nous avons fait	nous faisons	nous ferons
PRENDRE	nous prenions	nous avons pris	nous prenons	nous prendrons
VENIR	nous venions	nous sommes venus nous sommes venues	nous venons	nous viendrons
DIRE	nous disions	nous avons dit	nous disons	nous dirons
DEVOIR	nous devions	nous avons dû	nous devons	nous devrons
VOIR	nous voyions	nous avons vu	nous voyons	nous verrons
VOULOIR	nous voulions	nous avons voulu	nous voulons	nous voudrons
POUVOIR	nous pouvions	nous avons pu	nous pouvons	nous pourrons

► Avec le pronom **vous** un autre et toi, les autres et toi…

presque toujours ez,
quelquefois es *(vous dites, vous êtes, vous faites).*

Verbe à l'infinitif	PASSÉ		PRÉSENT	FUTUR
ÊTRE	vous étiez	vous avez été	vous êtes	vous serez
AVOIR	vous aviez	vous avez eu	vous avez	vous aurez
PARLER	vous parliez	vous avez parlé	vous parlez	vous parlerez
GRANDIR	vous grandissiez	vous avez grandi	vous grandissez	vous grandirez
ALLER	vous alliez	 vous êtes allés  vous êtes allées	vous allez	vous irez
FAIRE	vous faisiez	vous avez fait	vous faites	vous ferez
PRENDRE	vous preniez	vous avez pris	vous prenez	vous prendrez
VENIR	vous veniez	 vous êtes venus  vous êtes venues	vous venez	vous viendrez
DIRE	vous disiez	vous avez dit	vous dites	vous direz
DEVOIR	vous deviez	vous avez dû	vous devez	vous devrez
VOIR	vous voyiez	vous avez vu	vous voyez	vous verrez
VOULOIR	vous vouliez	vous avez voulu	vous voulez	vous voudrez
POUVOIR	vous pouviez	vous avez pu	vous pouvez	vous pourrez

La conjugaison des verbes

▶ Avec le pronom *ils* les garçons, papa et maman...

toujours ent ou ont.

Verbe à l'infinitif	PASSÉ		PRÉSENT	FUTUR
ÊTRE	ils étai**ent**	ils **ont** été	ils s**ont**	ils ser**ont**
AVOIR	ils avai**ent**	ils **ont** eu	ils **ont**	ils aur**ont**
PARLER	ils parlai**ent**	ils **ont** parlé	ils parl**ent**	ils parler**ont**
GRANDIR	ils grandissai**ent**	ils **ont** grandi	ils grandiss**ent**	ils grandir**ont**
ALLER	ils allai**ent**	ils s**ont** allés	ils v**ont**	ils ir**ont**
FAIRE	ils faisai**ent**	ils **ont** fait	ils f**ont**	ils fer**ont**
PRENDRE	ils prenai**ent**	ils **ont** pris	ils prenn**ent**	ils prendr**ont**
VENIR	ils venai**ent**	ils s**ont** venus	ils vienn**ent**	ils viendr**ont**
DIRE	ils disai**ent**	ils **ont** dit	ils dis**ent**	ils dir**ont**
DEVOIR	ils devai**ent**	ils **ont** dû	ils doiv**ent**	ils devr**ont**
VOIR	ils voyai**ent**	ils **ont** vu	ils voi**ent**	ils verr**ont**
VOULOIR	ils voulai**ent**	ils **ont** voulu	ils veul**ent**	ils voudr**ont**
POUVOIR	ils pouvai**ent**	ils **ont** pu	ils peuv**ent**	ils pourr**ont**

► **Avec le pronom** elles les filles, maman et la voisine...

toujours ent ou ont.

Verbe à l'infinitif	PASSÉ		PRÉSENT	FUTUR
ÊTRE	elles étaient	elles ont été	elles sont	elles seront
AVOIR	elles avaient	elles ont eu	elles ont	elles auront
PARLER	elles parlaient	elles ont parlé	elles parlent	elles parleront
GRANDIR	elles grandissaient	elles ont grandi	elles grandissent	elles grandiront
ALLER	elles allaient	elles sont allées	elles vont	elles iront
FAIRE	elles faisaient	elles ont fait	elles font	elles feront
PRENDRE	elles prenaient	elles ont pris	elles prennent	elles prendront
VENIR	elles venaient	elles sont venues	elles viennent	elles viendront
DIRE	elles disaient	elles ont dit	elles disent	elles diront
DEVOIR	elles devaient	elles ont dû	elles doivent	elles devront
VOIR	elles voyaient	elles ont vu	elles voient	elles verront
VOULOIR	elles voulaient	elles ont voulu	elles veulent	elles voudront
POUVOIR	elles pouvaient	elles ont pu	elles peuvent	elles pourront

Répertoire de mots

* invariable

A

à*
abandonner
absolument*
à cause de*
accent
accident
acheter
à condition que*
action
actuel/actuelle
actuellement*
adresser
affaire
afin de*
âge
agir
agréable
ah !*
aider
aigle
aile *(d'oiseau)*
ailleurs*
aimer
ainsi*
air
ajouter
aller
allumer
alors*
alors que*
amener
amer/amère
ami(e)
à mon avis*
amour
amusant(e)
amuser (s')
an *(année)*
ancien/ancienne
animal
année
annoncer
août
à peine*
apercevoir
apparaître
appareil
appartement
appel
appeler
apporter
apprendre
approcher
appuyer
après*
après-midi
arbre
argent
arme
armée
arracher
arrêter
arrière
arriver
art
article
artiste
asseoir (s')
assez*
assommer
assurer
à travers*
attacher
atteindre
attendre
attention
atterrir
attirer
attraper
aucun(e)
au-dessous*
au-dessus*
aujourd'hui*
au lieu de*
au milieu de*
au moins*
auprès de*
au secours !*
aussi*
aussitôt*
autant*
auteur
auto
autour*
autre
autrefois*
autrement*
avancer
avant*
avec*
avenir
avion

Les mots de mes textes

avis
avoir
avoir l'air
avouer
avril

B

baguette
bain
baisser
bas/basse
bateau
battre
beau/belle
beaucoup*
beauté
besoin
bête
bien*
bien sûr*
bientôt*
billet
blague
blanc/blanche
bleu(e)
blouson
boire
bois
boîte
bon/bonne
bonheur
bonhomme
bonjour*
bord
bouche
bouger
bouillant(e)
bouquin
bout
bouteille
branche
bras
brave
briller
briser
bruit
brûler
brusquement*
bureau

C

ça *(va bien !)*
cacher
cadeau
café
caissette
camarade
cambrioler
camion
camionnette
camp
campagne
canapé
canard
capable
capturer
car*
car *(autocar)*
carreau
carte
cas
cassable
casser
casserole
cauchemar
causer
caverne
ce *(livre-là)*
ceci
cela

celui/celle
celui-là/celle-là
celui-ci/celle-ci
centre
cependant*
certain(e)
certainement*
ces *(livres-là)*
cesser
c'est-à-dire*
cet *(ami-là)*
cette *(amie-là)*
ceux
chacun(e)
chair
chaise
chaleur
chambre
champ *(de blé)*
champignon
chance
changer
chant *(chanson)*
chanter
chaque*
charger
chasse
château
chaud(e)
chauffage
chauffer
chaussure
chauve-souris
chef
chemin
cher/chère
chercher
cheval
cheveu *(un)*
chez*
chien/chienne
choisir
chose
ciel
cinéma
clair(e)
classe
client(e)
cœur
coffre
coiffeur/coiffeuse
coin
colère
coller
combien*
comme*
commencer
comment*
commune
complet/complète
complètement*
comprendre
compter *(des chiffres)*
concours
condition
conduire
confiance
connaissance
connaître
conseil
construire
conte *(histoire)*
content(e)
conter *(raconter)*
continuer
contraire
contre*
copain/copine
coquillage
corne
correspondre
corriger
corps
côté
cou *(de girafe)*
coucher
couleur
coup *(de pied)*
couper
cour *(d'école)*
courant
courir
couronne
cours *(leçon)*
course
cousin(e)
coûter
couvrir
crayon
créer
cri
crier
crise
crocodile
croire
cuillère
cuillerée
cuir *(la peau)*
cuisine
cuisinier/cuisinière
cuire *(les aliments)*
culture
curieux/curieuse

Les mots de mes textes

D

d'abord*
d'accord*
d'ailleurs*
dame
danger
dans* *(à l'intérieur)*
danser
d'après*
dauphin
de
dé *(à jouer)*
débattre
debout*
début
décembre
décider
découvrir
dedans*
défendre
dégoûtant(e)
dehors*
déjà*
déjeuner
demain*
demander
demi
dent *(une)*
départ
dépendre
dépenser
depuis*
dernier/dernière
derrière*
des *(plusieurs)*
dès que*
descendre
désir
désirer
dessous*
dessus*
deux*
deuxième
devant*
devenir
devoir
diable
dieu
différence
différent(e)
difficile
dimanche
dîner
dire
directement*
directeur/directrice
direction
diriger
discours
discuter
disparaître
disque
docteur
doigt
donc*
donner
dont*
dormir
dos
doucement*
douleur
doute
doux/douce
dresser
droit/droite
drôle
du
dur(e)
durer

E

eau
écaille
échapper
éclairer
éclater
école
écouter
écraser
écrire
effet
effort
également*
eh !*
eh bien*
électrique
élève
élever
embrasser
emmener
émotion
empêcher
emporter
en *(chantant)*
en train de*
encore*
endroit
enfant
enfermer
enfin*

enlever
ennemi(e)
ennuyer
énorme
énormément*
enregistrer
ensemble
ensuite*
entendre
entier/entière
entourer
entraîner
entre*
entrée *(une)*
entrer
envie
environ*
envoyer
épaule
époque
équipe
erreur
escalade
escalier
espace
espèce
espérer
espoir
esprit
essayer
est-ce que*

et* *(toi et moi)*
étage
état
été *(un)*
étendre
étoile
étonner
étrange
étranger/étrangère
être
étude
événement
éviter
euro
eux
évidemment*
exact(e)
exactement*
exaucer
excellent(e)
exemple
existence
exister
expérience
expliquer
exploser
exprès*
expression
exprimer

F

face
facile
facilement*
façon
faible
faim *(j'ai faim)*
faire
fait *(un)*
falloir
famille
fantôme
fatiguer
faute
faux/fausse
fée *(la)*
femme
fenêtre
fer *(métal)*
ferme
fermer
fête
feu
feuille
février
ficelle
figure
fil *(pour coudre)*
filet
film

fils/fille
fin *(c'est fini)*
finalement*
finir
fixer
flamme
fleur
foie *(le)*
fois *(une)*
foncer
fond
force
forcément*
forêt
forme
formidable
fort(e)
fortune
fou/folle
foule
fourchette
frais/fraîche
français(e)
frapper
frère
froid(e)
front
frontière
fuir
fumée *(la)*
fumer

Les mots de mes textes

G

gagner
garage
garçon
garder
gars
gauche
gaz
géant(e)
gêner
général(e)
généralement*
genou
genre
gens *(les gens)*
gentil/gentille
geste
glace
glaçon
glisser
gorge
gosse
goût
grâce (à)*
grand(e)
grand-mère
grand-père
grands-parents
grave
grenouille
grève
gris/grise
gros/grosse
groupe
guerre
guide

H

habiller
habiter
habitude
haine
harpon
hasard
haut(e)
herbe
heure
heureusement*
heureux/heureuse
hier*
histoire
hiver
homme
honneur
hôpital
horizon
hors*
hôtel
huile
humain(e)

I

ici*
idée
ignorer
île *(une)*
image
imaginable
imaginer
imbuvable
immangeable
immense
immobile
importance
important(e)
impossible
impression
imprudent(e)
incapable
incassable
inconnu(e)
incorrect(e)
indiquer
infirmier/infirmière
inquiet/inquiète
installation
installer
instant
instituteur/institutrice
insulter
intelligent(e)
intention
intéressant(e)
intéresser
intérêt
intérieur
inventeur
inviter

J

jamais*
jambe
janvier
jardin
jaune
jeter
jeu *(de cartes)*
jeudi
jeune
jeunesse
joie
joli(e)
jouer
jour
journal
journée
juger
juillet
juin
jus
jusqu'à*
jusqu'à ce que*
jusqu'à ce qu'il(s)
jusqu'à ce qu'elle(s)
jusque*
juste
justement*
justice

K

képi
kilogramme
kilomètre
kiwi
koala

L

l' *(l'ami)*
la
là* *(ici)*
là-bas *
là-dedans*
là-dessus*
là-haut*
laine
laisser
lait *(de vache)*
lancer
langue
la plupart*
laquelle
large
larme
laver
le
leçon
léger/légère
lendemain
lequel
lettre
leur
lever
lèvre
liberté
libre
lieu
ligne
lion/lionne
lire
lit
litre
livre
livrer
loi
loin*
long/longue
longtemps*
lorsque*
lorsqu'il(s)
lorsqu'elle(s)
louer
loup
lourd(e)
lui
lumière
l'un/l'une
lundi
lune
lutte

M

ma
machine
madame
mademoiselle
magasin
magazine
magicien/
magicienne
magie
magnifique
mai *(le mois)*
main
maintenant*
mais*
maison
maître *(école)*
majordome
mal
malade
maladie
malgré*
malheur
malheureusement*
malheureux/
malheureuse
maman
mangeable
manger
manquer

Les mots de mes textes

A B C D E F G H I J K L M N O P Q R S T U V W X Y Z

marchand(e)
marché *(le)*
marcher
mardi
mari
mariage
marier
marmite
marron
mars
matière
matin
mauvais(e)
me
mécanique
mécontent(e)
médecin
médecine
meilleur(e)
mélanger
mêler
même
mémoire
ménage
mener
mer
merci*
mère *(maman)*
mes *(à moi)*
mesdames
messieurs
mesure
métier
mètre *(mesure)*
métro
mettre
meuble
micro
midi
mien
mieux*
milieu
mille
million
minute
moderne
moi *(toi, lui)*
moins*
mois *(avril...)*
moitié
moment
mon
monde
monsieur
montagne
monter
montrer
moquer (se)
morceau
mordre
mort
mot
moteur
moto
mourir
mouvement
moyen
moyenne
mur
musée
musique
mystère

N

nager
nageoire
naître
nature
naturel/naturelle
naturellement*
ne*
nécessaire
neige
nettoyer
neuf/neuve
nez
ni ...ni*
nid *(d'oiseau)*
n'importe*
n'importe quoi*
noir
nom
nombre
nombreux/
nombreuses
non* *(je dis non)*
non plus*
nord
normal(e)
nos
note
notre
nouveau/nouvelle

novembre
noyer
nu(e)
nuage
nuit
nul/nulle
nulle part*
numéro

O

objet
obliger
observer
obtenir
occasion
occuper
octobre
odeur
œil
œuf
offrir
oh !*
oignon
oiseau
ombre
oncle
opération
ordinaire
ordre
oreille
oser
ou* *(ou bien)*
où* *(vas-tu ?)*
oublier
oui*
ouvert(e)
ouvrier/ouvrière
ouvrir

P

page
pain
paix
papier
par*
paraître
parce que*
pardon
pareil/pareille
parent
parfait(e)
parfaitement*
parfois*
parler
parmi*
parole
part *(de tarte)*
particulier/particulière
partie
partir
partout*
parvenir
pas *
pas du tout*
passage
passé *(le)*
passer
passion
pâte *(à tarte)*
patte *(animal)*
pauvre
payer
pays
paysan/paysanne
peau *(du visage)*
pêche
peine
peindre
peinture
pencher
pendant*
pénétrer
pénible
pensée *(une)*
penser
perdre
père
période
permettre
personnage
personne
petit(e)
peu*
peur
peureux/peureuse
peut-être*
photo
phrase

Les mots de mes textes

pièce
pied
pierre
pieuvre
pinceau
piscine
piquer
place
placer
plage
plaindre
plaire
plaisir
plan
plat(e)
plein(e)
pleurer
pleuvoir
plonger
pluie
plus*
plusieurs*
plutôt*
poète
poing *(coup de)*
point
pointe
poisson
police
politique

pont
portable
porte
porter
poser
position
posséder
possible
poste
pot *(de fleur)*
potion
poule
pour*
pour que*
pourquoi*
pourri(e)
poursuivre
pourtant*
pousser
poussière
poutrelle
pouvoir
pratique
précieux/précieuse
préférer
premier/première
prendre
préparer
près*
présence

présent(e)
présenter
président(e)
presque*
prêt(e)
prêter
prévenir
prévoir
prince/princesse
principe
prix
problème
prochain(e)
professeur
profiter
profond(e)
programme
projet
promenade
promener
promettre
prononcer
proposer
propre
public *(le)*
puis*
puisque*
puissance
puissant(e)
pur(e)

Q

qualité
quand*
quant à*
quand même*
quart
quartier
que*
quel/quelle
quelque
quelque chose*
quelquefois*
quelque part*
quelques-uns
quelques-unes
quelqu'un
question
queue
qui*
quitter
quoi*

R

raconter
radio
raison
ramasser
ramener
rapide
rappeler
rapport
rapporter
rare
rayon
réalité
recevoir
rechercher
recommencer
reconnaître
refaire
refuser
regard
regarder
région
regrettable
reine
relever
religion
remarquer
remercier
remettre
remonter
remplacer
remplir
rencontrer
rendre
rentrer
renverser
réparer
repartir
repas
repasser
répéter
répondre
réponse
reprendre
représenter
respirer
ressembler
restaurant
reste
rester
résultat
retard
retenir
retirer
retour
retourner
retraite
retrouver
réussir
rêve
réveil
réveiller
revenir
revoir
riche
rien*
rien du tout*
rire
risquer
robe
rocher
roi
rôle
roman
rouge
rouler
route
rue
ruelle

S

sa
sable
sac
saisir
saison
sale
salle *(la pièce)*
samedi
sang *(le)*
sans*
santé
sauter
sauver
savoir
scène
se *(se lever)*
sec/sèche
second(e)
secret/secrète
seigneur
sel
selon*
semaine
semblable
sembler
sens
sentiment
sentir
séparer

Les mots de mes textes

septembre
sérieux/sérieuse
serpent
serrer
service
servir
ses
seul(e)
seulement*
signe
silence
simple
simplement*
sinon*
sirène
situation
sœur
soi
soigner
soin
soir
soirée
sol
soldat
soleil
sombre
son
songer
sorcier/sorcière
sorte

sortir
soudain*
souffler
souffrir
souhaitable
soulever
source
sourire
sous*
soutenir
souvenir
souvent*
spécial(e)
succès
suffire
suite
suivant
suivre
sujet
supérieur(e)
supposer
sur* *(dessus)*
sûr(e)
sûrement*
surprendre
surtout*
surveiller
statue
sympathique
système

T

ta
table
tableau
taille
taire *(se taire)*
tandis que*
tant* *(beaucoup)*
tant que*
tante
taper
tard*
tas *(de sable)*
te
technique
téléphone
téléphoner
tellement*
tempête
temps
tendre
tendresse
tenir
tente *(camping)*
tenter
tenue *(une)*
terminer
terrain
terre
terrible

tête
texte
théâtre
tirer
tissu
toi
toit *(maison)*
tomber
ton
toucher
toujours*
tour
tourelle
tourner
tout/toute
tout à coup*
tout à fait*
tout à l'heure*
tout de même*
tout de suite*
tout d'un coup*
tout le monde*
tout le temps*
trace
train
tranquille
tranquillement*
transformer
travail *(le)*
travailler

travers*
traverser
trembler
très*
triste
troisième
tromper
trop*
trou
trouver
truc
tuer
tuyau
type

U

un/une
un peu*
unique
uniquement*
usine

V

vacances
vague
valeur
valoir
vampire
vaste
vélo
vendre
venir
vent
ventre
véritable
vérité
verre *(pour boire)*
vers*
verser
vert/verte
vide
vie
vieillard
vieillir
vieux/vieille
vif/vive
village
ville
vin *(à boire)*
visage
visiter
vite*
vitesse
vivant(e)
vivement*
vivre
vœu *(un)*
voici*
voie *(chemin)*
voilà*
voile
voir
voisin(e)
voiture
voix *(parole)*
voler
volonté
votre
vouloir
voyage
vrai(e)
vraiment*
vue

W

wagon

X

xylophone

Y

y* *(elle y va)*
yack
yeux

Z

zèbre
zéro
zoo

Les mots de mes textes

A B C D E F G H I J K L M N O P Q R S T U V W X Y Z

▶ Les noms propres

Les fêtes	Les lieux	Les villes	Les noms et prénoms
Noël	Corse	Paris	Albert
Pâques	France		Flocon d'Argent
Toussaint	Japon		Jessica
	Turquie		Orso
			Robin
			Thérèse
			Urashima
			Vannina
			Vincent

Les noms propres de mes textes

Pour chercher un mot dans un dictionnaire

J'écoute le premier son du mot, j'entends			Je cherche dans l'ordre		
			en 1er	en 2[e]	en 3[e]
[a]	avion		a	ha	
[œ]	euro		eu	œ / œu	heu
[i]	igloo		i	hi	y / hy
[o]	auto		au	hô	hau
[ɔ]	otarie		o	ho	
[y]	usine		u	hu	
[e]	éléphant		é / e	hé	ai
[ɛ]	aile		ai	hai	ê
[ɥ]	huile	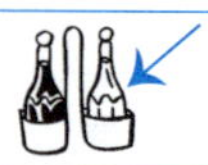	hui	huî	
[wa]	oiseau		oi	wa	
[u]	ours		ou	hou	
[ã]	enfant		en / em	an	am / han
[ɛ̃]	indien		in	im	
[õ]	ongle	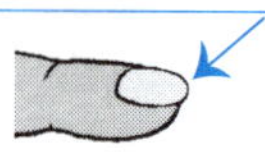	on	om	hon
[k]	cartable		c	qu	k / ch
[f]	fourmi		f	ph	
[g]	gomme	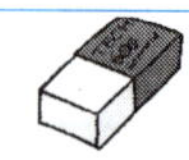	g	gu	
[ʒ]	jupe		j	g	ge
[s]	souris		s	c	sc
[ʃ]	chat		ch	sch	

Imprimé en France par Normandie Roto Impression s.a.s., 61250 Lonrai - Dépôt légal : 33674 - mai 2008 - Numéro d'imprimeur : 081436